

Made in the USA
Monee, IL
22 January 2025

10654632R00057